Plat recto :

**Abbaye de Santa Maria de Alcobaca** (Portugal)

Photographie
JENNIFER DICKSON

Plat verso :

**L'auteure**

Photographie
VINCENT MCDONALD

# LE CHÂTIMENT

# D'ORPHÉE

# DE LA MÊME AUTEURE

Trois livres d'artistes

**La mémoire a des échos que même son ombre ne connaît pas,** poème de l'auteure, illustré de cinq dessins à l'encre de Chine de Roland Giguère, boîtier réalisé et peint par Tony Urquhart

**Le châtiment d'Orphée,** poème de l'auteure, boîtier original et sept photographies de Jennifer Dickson, R.A., reliure d'art de François Dupuis

**Pavane pour la naissance d'une Infante défunte,** collage dramatique de l'auteure, illustré de dix dessins à l'encre de Chine, dans un boîtier-sculpture de Tony Urquhart, reliure d'art de François Dupuis

–

**La mémoire a des échos que même son ombre ne connaît pas** a paru dans la revue *Possibles* (Montréal), vol. 9, n° 4, été 1985

# ANDRÉE CHRISTENSEN

# LE CHÂTIMENT D'ORPHÉE

## POÈME

## JENNIFER DICKSON, R.A.

### PHOTOGRAPHIES

JM | LES ÉDITIONS DU VERMILLON

# DIFFUSION

Pour tous les pays

Les Éditions du Vermillon
305, rue Saint-Patrick
Ottawa (Ontario)  K1N 5K4
Tél. : (613) 230-4032

Distributeur au Québec

Québec Livres
4435, boulevard des Grandes-Prairies
Saint-Léonard (Québec)  H1R 3N4
Tél. : (514) 327-6900

ISBN 0-919925-54-5
COPYRIGHT © Les Éditions du Vermillon, 1990
Dépôt légal, troisième trimestre 1990
Bibliothèque nationale du Canada

# COLLECTION «RAMEAU DE CIEL»

- Paul Prud'Homme, *Vernissage de mes saisons. Poèmes,* 1986, 48 pages

- Nancy Vickers-Hussain, *Au parfum du sommeil. Poèmes,* 1989, 72 pages

- Pierre Pelletier, *Sur les profondeurs de l'île. Ballade,* 1990, 80 pages

- Andrée Christensen, *Le châtiment d'Orphée. Poème,* 1990, 128 pages

Pour le traitement et le tirage photographiques de ses images, Jennifer Dickson bénéficie de la collaboration technique de Howard WEINGARDEN.

# REMERCIEMENTS

L'auteure remercie sincèrement Jennifer Dickson pour ses illustrations et le professionnalisme qu'elle lui a inspiré, Michel Christensen pour sa constante collaboration et Vincent pour son appui indéfectible. Elle remercie également toutes les autres personnes qui lui ont apporté leur précieux concours.

*à N.V.C.*

# I

*Le soleil tourne,*
*visage de l'agneau,*
*c'est déjà le masque funèbre.*

René Char

L'été agonise
Saison lourde de rêves
Les fleurs hantées par la mort
Prostituent leurs couleurs
Laissent traîner un parfum trop mûr
Le long des trottoirs
Les amours usées montent en graine
Expirent dans un bruit de robe arrachée
Se dispersent dans l'haleine rance
D'une saison qui se meurt
De n'avoir pas assez vécu

Le fond du Jardin
Est une chapelle ardente
Le sang se lamente aux branches des arbres
Dans la sève
On entend les cris acides
Des âmes défuntes
Qui eût cru que la Mort fût aussi verte?

Les statues ne respirent plus
Cierges sans flammes
Posés autour du corps d'Eurydice
Cadavre qui ne sait pas mourir
Comme l'oiseau mort en plein vol
Ne sait pas qu'il doit tomber

Dépouille enveloppée
Dans le cri qu'elle n'a pas su pousser
Elle ne respire plus
Mais rêve encore
Morte parmi les vivants
Vivante parmi les morts

**Tombeau d'Ines de Castro,**
**abbaye de Santa Maria de Alcobaca** (Portugal)

Officiant d'un rite
Qu'il ne connaît pas encore
Orphée se pend à la gorge d'Eurydice
Boit son sang
Qui déborde en lui
Plus il boit
Plus il a soif
Le corps d'Eurydice est vidé jusqu'à la lie
Il veut entrer en elle
Tenir son double
En pénétrant sa mort

Il lui crève les tympans
Pour qu'elle entende
À travers son sang
Lui souffle dans les yeux
Afin que la lumière s'allume
Très loin
À l'intérieur des enfers
Qu'elle porte en elle

Il lui ouvre la poitrine
Arrache le cœur qui bat encore
Oiseau fébrile
Dans une main fermée
Il le lance à la mer

Orphée enterre sa voix
Lyre calcinée
Confiée à la terre

Dans la tombe de la Nuit
Il dépose Eurydice
Qui se réveillera
Dans le lit défait du Temps
Frêle lys noir
Qui par miracle
Survivra aux affres de l'hiver

Là il la retrouvera
Parfum siamois
Sombre écho de sa propre forme
Il brûlera jusqu'à elle
Lui gardera la première étincelle
Qui réchauffera la noirceur de ses eaux profondes

L'eau ranimée s'enflammera
Le sang nouveau jaillira
D'un cœur qui bat pour la première fois

Eurydice
Belle comme la mort
Pousse son premier cri
Celui qui la délivrera de la nuit

Orphée l'entend s'ouvrir en lui
Comme une tombe
Sa chair fiévreuse tremble
Son haleine s'éveille dans un bûcher ardent
Ses mots s'enflamment
Sa tête brûle
Il est prisonnier de la soif d'Eurydice
Dans sa gorge desséchée
La voix fait son nid

Au verso de l'été
Les fées se lamentent
Font des rondes autour du soleil

Vestales de l'angoisse
Elles ouvrent les cercueils des cicatrices
Se parent des songes volés aux morts

Armées de rires jaunes
Elles éloignent les rivages
Appelés à bout de voix
Invitent les raz de marée
À détruire les refuges
Bâtis à chaque lever du jour
Nous séduisent
Dans leurs pièges
Tendres et labiés
Puis nous abandonnent
Les mains liées
La bouche scellée
Seuls
Au bord des larmes
Au bord de soi

Dans la ville derrière les ombres
On abat déjà les dieux
Devant leurs portes d'or
On chasse les visages derrière les volets

La femme garde ses miroirs près du cœur
Cache ses amours dans son puits
Son regard s'éclipse
Ses mains sont vides
Transparentes

**Salle du chapitre, abbaye de Santa Maria de Alcobaca** (Portugal)

Elle ferme les jambes
Se coupe les bras
Puis devient statue

Dissimulée dans son opacité de pierre
Elle se respire
Elle descend
Dans le silence de la pétrification
Pour écouter son cœur
Qui résonne comme une cathédrale

Femme de marbre et de chair
À la fois transparente et invisible
Elle s'appartient enfin

Par crainte de trahison
L'homme barricade ses yeux
Étrangle sa voix
Incendie ses mots
Ne garde que les germes du verbe
Fusille son ombre
Abat les granges de la mémoire

La mort fidèle
Couchée aux pieds de l'âme
Lui lèche le cœur

L'homme ne se retourne pas
Il ne reviendra pas vivant
Sur ses moissons asservies
Ne se couchera plus
Dans le lit
De ses longs épis blonds

Désormais
Il perdra son souffle
Dans les champs aux herbes maudites
Se saoûlera au venin des fruits défendus
Courra
Ivre
Dans la folie des pavots
Un grand feu de forêt sous sa chevelure
Il rêvera
La tête dans la fumée

À la place de ses plumes arrachées
Fleurit la gloire sanglante des ronces
Du vautour en chute
Il dérobe l'éclair

Son équilibre est foudroyé
Au cœur du vertige
Il trace l'itinéraire d'un voyage
Au bout duquel personne ne l'attend

Quand trouvera-t-il le courage
D'ouvrir le chant de l'oiseau
De manger sa chair jusqu'à l'envol?

L'homme ne pourrait-il voler
Que dans un massacre
De plumes et de sang
De mots qui arrachent le bec
Qui crèvent le cœur?

Tous feux éteints la ville dort profondément
Enveloppée dans sa blessure
Elle prépare des migrations urgentes
Des fauves encerclent les murs fragiles
Leurs corps enflammés
S'avancent à l'orée du crépuscule
Leurs têtes enragées
Remplies d'yeux devant derrière
Sont des charbons ardents
Gueules grandes ouvertes
Ils happent l'aube qui pointe

Les maisons déracinées
Sont déjà rentrées à l'intérieur d'elles-mêmes
Sont invisibles dans la pénombre

Dans un essor prophétique
Un vautour blessé
Trace un cercle de feu
Au-dessus de la ville
Au cœur du cercle
Orphée
Visage éteint
Brandit au poing ses fantômes
Seule lumière qui le guidera
Au plus profond de son être

Immobile dans son corps
Il attend le signal
Des dernières frontières éclatées

# II

*Je suis parti pour longtemps.*
*Je reviens pour partir.*

René Char

J'avance
Un siècle à la fois
Cyclone immobile
Toupie folle
Vous ne me voyez même pas bouger
Vous qui ne me connaissez qu'une couleur
Celle où je m'abrite
Plus sûr que l'ombre

Je ferme les yeux
Et pouce par pouce
Je dévore mon corps
L'extérieur tiré vers l'intérieur
Dans la joie de l'enroulement
J'entre dans mon sexe
Pour mieux épouser la jouissance
Partagée avec l'âme voluptueuse
Qui a choisi de chuter en moi

À chaque souffle
Lent et soutenu
Les mots sans rêve
Se retirent dans le silence d'une chrysalide
Inventent des noms nouveaux
Pour chaque chose
Syllabes goûtées
Léchées
Mordues jusqu'en leur musique
Sexes conçus au simple toucher
Alphabet sculpté
À l'odeur du cœur

Peu à peu
La solitude prend racine
J'aspire mon être vers le cœur
Je remonte dans son sang
Je perds la mémoire
L'extérieur s'éteint

Piqué à mon propre venin
Je ne puis plus mourir
Je suis face à face avec mes os
      Corps à cœur
      Nerf à nerf
      Je me lèche
      Je me goûte
      Je me mords
      Je me tords
      Et je jouis
Comme seuls les morts savent le faire

Le vide m'étreint à même la bouche
Au fond de la gorge
Un goût de mort-aux-rats
L'Espace sans frontière
M'avale dévale
Se dilate
Me disperse
L'infini est tellement immense
J'étouffe

J'essaie d'envahir l'abîme
De monter plus haut
Pour descendre plus bas
Dans ce lieu qui n'en est pas un
Plus j'essaie de le remplir
Plus il se vide
Je grimpe au fond de mes larmes
J'essaie en vain d'habiter mon sang

Dans la lourde transparence de l'air
Je ne puis respirer
J'ai l'âme glacée
Je brûle
Je ne puis dormir
Je ne puis même plus rêver

J'entends le silence
Écho multiplié
D'un cercueil vide que l'on cloue
Et recloue
À l'infini

Peut-être aurais-je dû suivre
La voie de mes sœurs
Aux hanches de voyantes
Faire germer l'espoir
Dans le vagin du vide
Tisonner la mort
Avec de frêles tiges de vie

Mais
J'ai choisi de m'enliser
Dans ce tunnel sans fond
J'ai accepté de payer le prix
De ceux qui confrontent le néant
Par vocation
J'erre
Solitaire
Entre la vie et la mort
J'abats les dieux
Viole les déesses
Arrache la dentelle
Des toiles d'araignées
Expose les paniques d'insectes
Chair crue
Pourrissante
Sans cri

Je ne retirerai jamais ma main du feu
Je n'ouvrirai jamais le poing
Tant qu'il y aura un doute
Je demeurerai fidèle au vertige
Paratonnerre à la cime de la tempête
Volcan sous l'aile
Racines envolées
La poitrine garnie de ruines fraîches
Je continuerai de marcher
Dans mon ombre
Jusqu'à ce que la profondeur
Recule devant moi

Revenant
Je suis revenu là d'où je suis parti
Je ne suis plus tout à fait le même

Dans les profondeurs du labyrinthe
J'ai rampé à travers plusieurs peaux
Habité plusieurs blessures

L'odeur de sang séché
Invite au départ
D'instinct
J'arrache la cicatrice
Plonge dans le sang
Trop longtemps retenu

Je mords ma queue
Suce le mystère du venin
Je pars au royaume des ombres
Pour libérer la lumière

Tu fais trop de bruit Eurydice
Pour que je puisse dormir

# III

*Ne m'attends pas ce soir,*
*car la nuit sera blanche et noire.*

Gérard de Nerval

Je peins ton visage
Noir sur fond noir
Toi qui fleuris sous terre
Corolle d'orchidée
Pure flamme blanche
Au fond d'un jardin d'ombre

Mirabilis aux nervures de miel brûlant
Découverts dans les replis trompe-l'œil
Des sépales blêmes
Tu déplies tes frissons
Sous les doigts tièdes de la nuit
Vapeurs d'ivresse souterraine
Nectar si fragile
Magma puissant
Qui nourrit les veines des volcans éteints
Qui feignent le sommeil
Mais ne ferment jamais l'œil

Épouse de Tanathos
Belle comme un cauchemar
Tu attends le chuintement de la nuit
Pour te lever
Plus noire que la noirceur secrète du lait

Toi, la blanche du noir
La lumineuse des ténèbres
Tu descends sous l'omphale
Dans la grotte
Là où tu laisses errer
Libres enfin
Tes loups inassouvis
Qui mûrissent entre tes murs
Depuis des millénaires
Là où la charogne montre ses dents
Belle victorieuse

**Palazzo del Té, Mantoue** (Italie)

Là où tu te pares
De tes blessures magnifiques
Démasquées :
Yeux crevés
Bouche hallucinée
Mains coupées
Ventre lapidé
Sexe affamé

Dans le charbon de la nuit
Tu cherches la source de la lumière
Le sens du jour qui se lève

Tu grattes sous les couches de rêves
Ce portrait opaque
Sans contour
Tu cherches fiévreusement
Des traits qui fuient
Impalpables

Toi qui es née un jour d'orage
On t'a mise au monde
Pour mieux t'oublier

Tu éteins tous les feux
Puis tu saignes à blanc la mémoire
L'odeur de ton sang
Pour seul appât
Tu invites les fauves
À dévorer ta peur
Farouche
Tu te mets à nu
Pour lutter contre le froid
Mandragore arrachée de son mythe
Tu es le cri que la pierre n'entend pas

L'angoisse
Est une flamme éternelle
Qui brûle
Au fond de la blessure
Une lampe aux dents pointues
Qui mord dans les nuits blanches

La jouissance est emmurée
Dans ton sexe
Recousu d'un fil trop mince
Vibrant dans son arc tendu

Toutes les nuits
La mort te refend
Dans une éclaboussure de sperme glacé
Un cercueil te pénètre
C'est dans ce lit
Que tu couches ton désir
Obus déposé dans un nid de plumes

Viens belle initiée
Viens te laver dans la fontaine
Où la mer se repose et fleurit
Épouse la fête secrète
Celle du chaos de flammes et de fleurs
Viens danser dans l'arène du paradisier
La danse de l'impudeur sacrée

Ton sang ébloui se réchauffe
Surpris dans ses globules endormis
Il s'enfièvre et piaffe
À l'assaut de tous les sens

Embrasse les lèvres de l'interdit
Gonfle de rêves ta poitrine
Qui apprendra à respirer sous l'eau
Ce délicat parfum de noyée

Farde tes paupières de khôl complice
Que portent les sirènes
Pour séduire les âmes errantes
Les attirer vers leurs ruines

Couche ta douleur somnambule
Au fond des algues
Retiens ton souffle
Laisse-le mûrir
Écoute-le s'épanouir
En soupir convulsif

Cesse de mourir
Dépouille-toi de ton deuil
Des péchés trop longtemps expiés
Et lance ton sang noir à la nuit blanche
Comme une poignée de confettis

Viens
Colle ta bouche à ma veine
Bois le feu à la vigne
Cette goutte de mort
C'est la source de vie

Expose tes robes
Tachées de sperme
Maculées de colère
Déchire les voiles du temple
Égorge les dieux imposés
Puis invente une nouvelle liturgie de lumière
Pour célébrer le noir avoué

Peu à peu
Tes cauchemars blanchiront au soleil
Abandonnée au regard brûlant d'Éros
Tu es consumée dans son feu
Trop longtemps contenu
Dans le parfum des pois de senteur
Égarés
Au cœur d'un rêve censuré
Ta beauté caduque se fanera
Deviendra fièvre éternelle

Perds conscience de l'étincelle
Pour mieux briller
Libre de toute fumée

Oublie que tu brûles
Sinon tu pourrais te refroidir

Oublie ta virginité
Deviens mille fois l'amante d'un jour
Abats le piédestal
Mutile le totem
Sculpté à ta ressemblance
Qui t'empêche de trouver la vraie femme
À l'intérieur du bois
Plonge le couteau au cœur de l'aile
Regarde
Au-delà de l'image
Il y a du sang
Ton sang
Rouge vie

Prends la statue de la reine qui se meurt
Laisse-lui boire de ton sang neuf
Puis descends
Armée de ta peur
De tes bégaiements rauques
De ton vertige

Dévore ton chemin à travers la terre
Gratte le limon
Jusqu'à ce qu'il traverse ton corps
Abandonne le nid
De ton cercueil de verre
Et creuse ton lit
Dans les entrailles de la terre
Attends en aboyant
Le lever de la lune

Laisse-toi ronger par les vers
Dérobe à la mort
Ses secrets impudiques
Et tu découvriras
Une nouvelle réalité au delta de tes cuisses

**Casa Canova, Possango del Grappa** (Italie)

Tanathos sera alors vaincu
Serpent foulé
Sous le pied d'une Vierge nouvelle
Qui trouve en son sexe accepté
Le passage vers la lumière

Que le tombeau vide à l'aube
Soit ton seul piédestal

La graine est un cosmos
Un embryon de lumière
Qui contient une forêt
Concentrée
Avec la patience de la neige fondante
La pointe fragile
Percera le béton
Abattra l'hiver de son étincelle émeraude

La ville sauvée des eaux
Remontera au sommet de son intimité
Au front d'une femme nue
Au visage triste

L'être se nomme...

# IV

*La mémoire
est un enterrement.*

Stanislas Rodanski

Horizon maudit
Entre l'ici et l'ailleurs
Purgatoire sans sexe
Où je croupis
Ni dieu ni diable
Ni homme ni femme
Entre ciel et terre
Entre la vie et la mort
Enfermée à l'extérieur
Disloquée
Sans ailes ni nageoires
Le délire en veuvage
J'ai toujours faim
J'ai toujours soif

Je t'offre le ruisseau
Auquel je ne puis boire
À toi qui ne rêves que de pain
Qui me pétris
Quand je dors encore
Rêvant d'épis sous les sillons de terre
Qui humes les vertiges de la levure
Avant même que ne gonfle la pâte
Qui mords à belles dents
Dans la mie de ma chair
Qui se multiplie plus tu en manges

J'offre ma bouche
J'offre la fontaine
Qui coule de mon corps
À celui qui n'a jamais soif

Debout sur ta langue
Je revois l'autre plage de mon désir
Derrière la caresse d'une anse blonde
Trois vierges folles
Une île
Une nuit aux hanches étroites
Aux petits seins
La première nuit
La seule nuit
La nuit seule

La pleine lune se lève
Tambour au cœur de la fête
C'est mon corps qui bat la mesure
Mais la vraie musique
Demeure en marge du rêve

J'invente le plaisir pour éclairer le paravent
Où les ombres chinoises oscillent
Collage transparent de dentelles ardentes
De gestes de phares
De lèvres éponges

J'hésite au bord de mon être

Mon corps est un cristal poli
Sur lequel le plaisir glisse
Sans laisser de trace
Je fais chanter le verre
En frôlant mes doigts
Sur la lèvre de la coupe
J'imite le cri aigu de l'amoureuse
Que seul le désir peut entendre

Déshabillant le blanc désir
Fil par fil
Je laisse filer sa transparence
Entre mes doigts
Je détisse la jouissance
La tords sur le rouet des mots
Là seulement
Je peux piquer mon doigt
Au fil des songes tourner en silence
Comme la perle
Qui tourne en son cocon

Au point du jour
La lumière naît de sa chute
L'ange se réveille
Se souvient qu'il n'a plus d'ailes
Il n'aura jamais la peau
De ce qu'il est
Il ne sera jamais
Ce qu'il a

Je suis tellement souvent l'autre
Que je ne sais plus être moi

J'aimerais goûter l'amande amère de la nuit
À minuit
Lorsque l'encens exhale
De la pénombre des corps
Embaume l'air

Le corps de l'amante fleurit
Lotus phosphorescent
Qui s'ouvre avec une lenteur préméditée

Un grand paon de nuit
Enfonce ses antennes de plumes
Dans son calice de soie
Le froisse doucement
Et palpe la force secrète de l'être

*quatre-vingt-treize*

Une chambre nuptiale s'improvise
À chaque spasme
Elle le quitte      il revient
Elle s'habite      il l'habite
La nuit est marée chaude
L'amoureuse salée
S'écume
Se fait      se défait
À chaque soupir montant
Elle abandonne des trésors
Sur les rivages lisses

Envoûtante
Elle se lève au cœur de la nuit
Lune blanche
Elle fait miroiter dans l'opale de son sexe
Toute la candeur du monde

Nuit vierge
Revêtue de son ombre
Elle est sûre de sa beauté
Forte de sa douceur
Ses mains
Habitées
Sont généreuses
Officiantes

Son sexe s'ouvre sur la mer

J'aimerais ouvrir l'amande amère de la nuit
Dans ses fibres profondes
Retrouver mon ombre perdue

# V

*On vieillit
d'avoir rêvé...*

Fernand Ouellette

**Villa Medicea, Poggio à Cainio** (Italie)

J'ai dormi trop longtemps
Dans l'espace entre deux lèvres
Dans l'abîme du cri
De cette statue de sel
Que je suis devenue
Le baiser abandonné
Est un orifice tordu
Hurlement érodé
Bouche condamnée à rester ouverte
Ambiguë
Figée dans sa vocation d'amoureuse

MON     CORPS     M'APPELLE

Derrière la porte close
Je m'entends vivre
Mon cœur battant à côté du temps
Ma chair stridente chante
Comme une cigale torride

Rien ne peut apaiser la voix
De la mémoire amoureuse
Celle qui hurle avec la mort
Qui brûle avec les loups
Foudre transperçante
Qui a bu au ruisseau
Son destin de lumière
Brusquement suspendu en cours de tempête
Dans sa trajectoire lumineuse

Le prêtre et la putain
Officient au même autel
Avec les mêmes gestes obscènes du sacré
Le même désir de déjouer la mort
De goûter l'éternité
L'espace d'une seconde

Sorcière dégriffée
J'immole mon sexe noirci
Sur des autels blêmes
Messes blanches
Balbutiées sur des vierges endeuillées

Femme difficile
Comme une drogue
Trafiquée en plein jour
J'ai renié mon sang de fille de joie
Vin que s'arrachent le prêtre et le bandit
Amour caillé aux tempes
Des amants suicidés

La sangsue éclate toujours
Du sang qu'elle a bu

Le pentacle de mon corps
Perd sa magie
Ma gorge meurtrière
Est derrière les barreaux
Ma vulve damnée
A perdu ses dents
Pourries
Dans la honte de leur vocation carnassière

Fruit toujours prêt à mordre
J'entends encore le chant des vendanges
L'hymne du plaisir
Mutilé
Piétiné
Jusqu'à l'extase mousseuse

L'amour n'a pas de conscience
Mais tu m'en as donné une
Stérile
Qui tue le plaisir dans l'œuf
Qui accouche dans la douleur
D'un oiseau sans ailes
Vidé de son chant

Je n'ai plus le courage
D'égorger les colombes
Que tu m'avais offertes
De déchirer leur chair trop blanche
Avec mon bec de corbeau
De libérer leur noirceur

Il est minuit
Et je colle mes lèvres rouges
À la bouche des morts

Éloignez-vous de moi
J'ai les ongles transparents

Je trahis pour la millième fois
Celle que j'ai rappelée des morts
Pour mieux l'immoler
À chaque page noircie

Je la couche dans ma voix
M'enivre de sa pureté
Lui perce le cœur
Pour libérer sa lumière

J'ai du sang sur les doigts
Un mensonge de plus
Sur le bout des lèvres
J'ai peur de découvrir le vide
Derrière la porte
De mes rêves sans serrure

J'ai perdu de l'altitude
La confiance meurtrie
J'arbore le doute comme faucon au poing
Ce doute qui livre Eurydice
Au royaume des morts
Lui permet de renaître
Invite sa gorge
À me mordre à la bouche
À m'allumer de ses cendres

Elle me meurt
Mon venin autour de son cou
Je brûle
Je hurle son cri
Je suis sa voix
Elle est mon sang
Et nous nous dressons
Nus
Incomplets
Face au soleil

Les plus beaux oiseaux ont les ailes arrachées
Et leur chant imparfait fait flamber la nuit

Du fond de ma pâleur
Un mangeur de feu
M'attire dans la chaleur
Rougit ma chair
Réchauffe mon cœur

Flambeau au bout de son bras
Je m'allume à feu vif
Je me tords
Dans son éclatant cortège d'appâts
J'ai le cœur à jeun
L'ivresse facile

Il me boit d'un trait
Avale ma lumière
Qui illumine mais ne brûle point

Je gémis dans sa gorge
Me fais festin
Pour sa gueule d'ombre
Parfum de soufre
Pour ses narines étonnées

Effarouché
Le désir est fendu
Déchiré en son centre bleu

Eau-de-vie grésillante
Le feu veut retourner à sa source
Retrouver le nid
De son propre reflet

À petit feu
Je me sens mourir
Ses caresses pourrissent sur ma peau
Je blêmis dans le rouge audacieux
De son appétit insatiable
Affamé
Il recrache mon corps dans l'espace
Météorite éclaté avant son heure
Mes jambes mes bras détachés
Éclaboussent le ciel
Filent dans le vide
À perte de vie
Sans laisser de trace

Éblouie
La foule applaudit
Étonnée de ne pas retrouver de cendres
Sous une fumée si épaisse
Excitée par le parfum du sang qui brûle
Elle s'arrache les débris d'organes ignés
Qui jonchent le sol

Le destin accompli
Les Furies se lèchent les mains
Se lavent les lèvres

Une femme sombre
Au visage cicatrisé
Sortie d'on ne sait où
Enveloppe dans ses ailes
La tête encore fiévreuse
Que personne n'avait osé toucher
L'emporte dans son île
La dépose dans un jardin rêvé
Derrière une porte close
Au fond de ses cauchemars

**Autel dédié à saint Bernard,**
**abbaye de Santa Maria de Alcobaca** (Portugal)

Décapitée
Ma tête continue
De chanter ma soif

Au fond du jardin muet
La terre se ressème...

## TABLE

Ce livre a été tiré
à six cents exemplaires.
De ce nombre,
cent exemplaires
ont été numérotés
et signés
par l'auteure et l'illustratrice.

Composition
en Palatino, corps douze,
et mise en page :
Atelier graphique du Vermillon

Séparation de couleurs,
film de la couverture
et trame des photographies :
Hadwen Graphics

Impression et reliure :
Les Ateliers graphiques Marc Veilleux Inc.

Achevé d'imprimer
en mai mil neuf cent quatre-vingt-dix
sur les presses
des Ateliers graphiques Marc Veilleux Inc.
pour les Éditions du Vermillon

ISBN 0-919925-54-5
Imprimé au Canada